Lino Felino está triste, muy triste.
Un día le llegó la tristeza, y no sabe cuándo se irá.

Y cuando alguien se siente así,
las pestañas gotean lágrimas,
se va el hambre y los días se ven grises.

Lino Felino, a veces suspira, otras recuerda...

Pero así es la tristeza,
como si se tuviera lluvia en el corazón.

Dentro solo hay azul,
como una noche que no deja
ver una sola estrella.

Y afuera...
la vida, la hermosa vida.

Camilo Cocodrilo está preocupado por su amigo.
Y se pone triste por verlo triste. ¡Ah!, ¡cuánta tristeza!

Entonces, decide invitarlo
a dar un paseo para hacerlo recordar
que también hay cosas lindas.

Como el viento que baila contento,
despeinando a todos con su brisa.

Momentos divertidos.

Momentos para soltar la tristeza,
para dejarla volar trepada en una cometa,
hasta que se pierda como un puntito azul
lejano en el cielo.

Este es un buen día.

Con una tarde llena de sol
y dos amigos que sonríen
mientras el viento suave... juega.

Hoy es un día perfecto.

Lino Felino

Estelí Meza

SCHOLASTIC INC.

ISBN 978-1-338-57118-9

12 11 10 9 8 7 6 5 4 3 2 1   19 20 21 22 23 24

Printed in the U.S.A.   40

First Scholastic printing, March 2019